Oskar Meister

Erinnerungen an Sealsfield-Postl

Oskar Meister

Erinnerungen an Sealsfield-Postl

ISBN/EAN: 9783744617796

Hergestellt in Europa, USA, Kanada, Australien, Japan

Cover: Foto ©ninafisch / pixelio.de

Weitere Bücher finden Sie auf **www.hansebooks.com**

ERINNERUNGEN

AN

SEALSFIELD-POSTL.

Anlässlich
des hundertsten Jahrestages seiner Geburt nach brieflichen und mündlichen Mittheilungen von persönlich Bekannten und Verwandten des Dichters

bearbeitet von

OSKAR MEISTER.

MOTTO: „Omne solum forti, patria est,
ut piscibus aequor".

WIEN.
Verlag von Karl Graeser.
1892.

Druck von Josef Groák in Olmütz.

Sr. Hochwohlgeboren

dem

Bürgermeister der königlichen Hauptstadt Olmütz

Herrn

JOSEF VON ENGEL

Ritter des Ordens der Eisernen Krone und des Franz-Josef-Ordens etc. etc. etc.

in aufrichtiger Dankbarkeit und Ergebenheit

gewidmet von dem

Verfasser.

Vorwort.

Von den Herausgebern des „Deutschen Dichterbuches aus Mähren“, den Herren Landes-Oberrealschul-Director Paul Strzemcha (Paul Kirsch) und Professor Ottokar Stoklaska in Brünn, ward mir am 18. März d. J. die schmeichelhafte Einladung, einen Beitrag für dieses Buch zu schreiben.

Im Hinblicke auf den bevorstehenden hundertsten Geburtstag des mährischen Dichters Sealsfield-Postl entschied ich mich für das nachstehend ausgeführte Thema.

Im Eifer der Arbeit aber vergass ich auf den beschränkten Raum, welcher in dem „Deutschen Dichterbuche“ den einzelnen Aufsätzen offen steht. So ist denn mein Aufsatz derart gewachsen, dass er für die ursprüngliche Bestimmung zu ausgedehnt geworden ist.

Ermuthigt und ermuntert durch Herrn Director Strzemcha lasse ich daher nun meine Arbeit in Form eines bescheidenen Büchleins erscheinen, für das ich hiemit mir eine freundliche Aufnahme erbitte.

Brünn, 29. März 1892.

Oskar Meister.

Inhalt.

Motto: „Omne solum forti, patria est, ut piscibus aequor.“

In wenigen Monaten, am 3. März des nächstfolgenden Jahres (1893) sind es hundert Jahre, dass unser in Amerika drüben als „Dichter beider Hemisphären“ berühmt gewordener Landsmann Charles Sealsfield, den der Tod erst seiner Heimat zurückgegeben hat, geboren worden ist. Wir feiern an diesem Tage also den hundertsten Jahrestag seiner Geburt.

Es ist somit ein actueller Anlass vorhanden, sich mit Sealsfield zu befassen, und die geehrten Leser wollen es gestatten, dass ich das in nachstehenden Blättern auf Grundlage der Aufzeichnungen von Leuten, welche persönlich mit dem Dichter verkehrt haben, thue, wobei ich gleichzeitig um gütige Nachsicht bitte, wenn ich hie und da etwas weiter aushole.

Wie bekannt war es der Wonnemonat des Jahres 1864, welcher durch das Testament des Einsiedlers von Solothurn die Freunde und Verehrer der Sealsfield'schen Muse mit der im hohen Grade sensationell wirkenden Nachricht überraschte, dass der gottbegnadete Dichter keiner der drei um nicht zu sagen vier Nationen angehörte, welche während seines Lebens und Wirkens in deutscher, englischer, französischer und spanischer Sprache um die Ehre seiner Landsmannschaft gestritten hatten, sondern dass er ein Deutschmährer, unserem österreichischen Vaterland angehört, dass er eigentlich nicht Charles Sealsfield sondern Karl Postl geheißen habe und dass er ein Bauerssohn aus Poppitz bei Znaim gewesen sei.

Genau um dieselbe Zeit, als dies Alles bekannt wurde, war ich in der soeben genannten Stadt bei der Firma

Fournier & Haberler als Beflissener des deutschen Buchhandels beschäftigt.

Nicht etwa die Vorliebe für den geschäftlichen Stand — ich verfügte nicht über die geringste „geschäftliche Ader" — hatte mich den Büchern in ihrer Eigenschaft als Kaufs- und Verkaufs-Objecte zugeführt, ich hatte mich unter ihren Schutz geflüchtet aus .... Furcht vor der „Mathematik", wie selbe damals in den Mittelschulen, zumal auf unserem Gymnasium in Znaim gelehrt wurde.

Ich lebte mit diesem Gegenstande auf beständigem Kriegsfuße, weniger vielleicht wegen seines inneren Wesens, als wegen seiner äußeren Behandlung. Hauptsächlich aber war mir alles Ziffern- und Buchstaben-Rechnen, sowie auch alles Ziehen von Kreisen und Winkeln aus dem Grunde so unsympathisch, weil ich auf Kosten dieses Rechnens die mir sympathischeren Fächer, wie Geschichte, Literatur, Geographie etc. geradezu vernachlässigen mußte. Mit Zwang und innerem Groll war ich hier also zu einer Zeitverschwendung verurtheilt, die mich geradezu empörte.

Des beständigen Haders mit den Damen „Arithmetik und Geometrie" müde geworden, glaubte ich das Verhältnis zu denselben so bald als möglich gewaltsam brechen zu müssen.

Durch und durch idealistisch angelegt warf ich mich also dem Buchhandel in die Arme, fest überzeugt, hier das von mir so leidenschaftlich gesuchte Ideal finden und ungetheilt mich dem hingeben zu können, dem all mein Sinnen und Minnen galt, der ungestörten Lectüre jener Bücher, die zu lesen mir auf der Schulbank die böse, garstige Mathematik nicht erlaubt hatte, wie sie mir noch vieles Andere nicht erlaubte. Ich habe ihr das noch heute nicht vergessen. — Zu dem so oft gesagten und gesungenen Weisheitsspruche:

„Glücklich ist"
„Wer vergisst" etc.

habe ich mich eben leider nie, so sehr ich auch in der Theorie die Wahrheit dieses Spruches anerkenne, in der Praxis emporschwingen können.

Da mir nun überdies durchaus der Ehrgeiz fehlte, durch Entdeckung der Quadratur des Zirkels unsterblichen Ruhm zu erwerben, so ward mir denn auch die Trennung von der „schwarzen Tafel“, auf der ich das Addiren, Subtrahiren, Multipliciren, Dividiren, Radiciren und Potenziren, sowie alles übrige „iren“ schon bis zur höchsten Potenz satt bekommen hatte, unendlich leicht.

Mit Büchern mich befassen zu können, fand ich im Buchhandel reichlichst Gelegenheit, zu meinem Bedauern aber nahm die Zeit, welche ich auch hier dem leidigen Rechnen — dem Geschäfte an und für sich — widmen musste, mehr, viel mehr Zeit in Anspruch, als ich dem Lesen gönnen durfte. Wieder also waren es Ziffern, und zwar leidige Ziffern der prosaischesten Art, welche, als ich am ersehnten Ziele mich angelangt wähnte, sich mir entgegenstellten, die mir verhängnisvoll zu werden drohten.

Durch Vermittlung einer Frucht jedoch, die den Namen „Znaim“ in alle Welt getragen hatte bevor noch Sealsfield dasselbe gethan, durch die „Gurke“ nämlich, sollte mir zur Befriedigung meiner Lesegier Rath und Hilfe werden.

In der „Saure-Gurken-Zeit“ gabs ja Gelegenheit in Hülle und Fülle all' die Bücher, welche mir in der Buchhandlung selbst, wie in der damit verbundenen Leihbibliothek in bunter Menge zur Verfügung standen, nach Herzenslust und gründlich zu durchstöbern.

Um diese Zeit ging das Geschäft „flau und matt“, worüber ich mich — ein neuer Beweis, dass mir wirklich jede Geschäftsader fehlte — immer leidenschaftlich freute. Da trat das mir so unaussprechlich zuwidere Rechnen vor dem Lesen in den Hintergrund. Am liebsten hätte ich in meinem Lesehunger alle Bücher gleichzeitig verschlungen; da das aber undurchführbar sich erwies, stellte ich mir eine Tagesordnung auf, Dank welcher ich meine Lectüre in einer gewissen Reihenfolge tagtäglich besorgen konnte.

Natürlich waren es ausser geschichtlichen und literar-historischen zumeist classische und belletristische Werke, die ich las, um das früher Versäumte nachzuholen. Die beiden gütigen Chefs der Buchhandlung legten übrigens, sobald das Tagewerk vollendet war, der Befriedigung meiner Leselust kein Hindernis entgegen und so konnte ich denn Dank ihrer Liebenswürdigkeit mir Bücher nach Hause nehmen und Abends mich auch ausser der „Saure-Gurkenzeit“ mit Lectüre beschäftigen.

Im Sommer des Jahres 1863 war es — inmitten meiner Lese-Saison — dass ich die erste Bekanntschaft mit Sealfields Dichtungen machte.

Ich war entzückt davon. Die darin enthaltenen Naturschilderungen begeisterten mich in so hohem Grade, dass ich noch mehr wie bisher ein leidenschaftlicher Verehrer und Bewunderer der landschaftlichen Schönheiten der Umgebung von Znaim wurde, welche Schönheiten übrigens schon von dem „großen Spaziergänger Seume“ hochgepriesen worden waren“.

Als ein Jahr später sich herausstellte, dass der große Dichter Sealsfield und der verschollene Bauernjunge Postl aus dem nahegelegenen Poppitz ein und dieselbe Person seien, kannte meine Begeisterung vollends keine Grenzen und keine Schranken mehr.

Förmlich elektrisirt durch diese frohe Botschaft war nun mein Streben dahin gerichtet. möglichst viel aus der Jugendzeit Sealsfields, aus der Zeit also, da er noch Karl Postl geheißen und in seiner Heimat geweilt hatte. zu erfahren.

Zu diesem Zwecke setzte ich mich mit alten Leuten seines etwa eine Stunde von Znaim entfernten Heimatsortes in Verbindung. Gleichzeitig fiel mir auch noch ein, dass ein Schwestersohn Sealsfield's, ein gewisser Johann Pahr, mit dem ich einige Jahre früher die Znaimer k. k. Hauptschule besucht hatte, als Wirtschaftsbesitzer in Poppitz lebe.

Denselben suchte ich nun auf, und ward hiebei auch mit seiner Mutter. der jüngsten leiblichen Schwester des Mannes, dessen Bücher mich schon, bevor das Geheimniß seiner Abstammung gelüftet war, so wunderbar geheimnisvoll ergriffen hatten, bekannt. Dieselbe bewohnte das Haus, in dem ihr großer

Bruder am 3. März 1793 geboren worden war, welches die Nummer 56 trägt. Pietätsvoll trat ich ein in dieses mir heilige Haus.

Viel zwar erfuhr ich da nicht von der alten Matrone, denn die Kinderzeit war größtentheils schon ihrem Gedächtnisse entschwunden. Aber 'auch das Wenige, was ich hörte, interessirte mich.

In erster Linie erzählte mir Frau Pahr, wie ungern ihr Bruder sich dem geistlichen Stande gewidmet hatte. Sie schilderte mir, wie ihr Bruder Karl, nur aus Liebe für seine Mutter, die er hochverehrte, Priester geworden sei, wie er im Jahre 1812 ausgeweiht und in den ritterlichen Kreuzherrn-Orden mit dem rothen Stern getreten sei, wie er in diesem Stande aber nie zufrieden gewesen, was oftmals Anlass zu Familien-Zwistigkeiten gegeben habe. Dann theilte sie mir mit, dass ihre Mutter den priesterlichen Sohn, resp. Bruder einmal in Prag besucht und ganz stolz von dort nach Poppitz zurückgekehrt war.

Der junge Priester, welcher trotz des an ihm verübten Zwanges innig an seiner Mutter hing, hatte dieselbe in einer glänzenden Equipage, die ihm als Secretär des Ordens zur Verfügung gestanden, in Prag herumgeführt und sie in echt kindlicher Liebe all' den hohen Herren und Damen vorgestellt, in deren Häusern er verkehrte.

Schließlich erzählte mir Frau Pahr, dass ihr Bruder kurz vor seinem fluchtähnlichen, geheimnisvollen Verschwinden aus Prag das Elternhaus besucht habe, wobei es wieder zu Verdrießlichkeiten kam. Das Alles wurde mir auch von alten Poppitzer Bauern, großentheils Zeitgenossen der Jugend Sealsfields, bei denen ich meine Nachforschungen fortsetzte, vollinhaltlich bestätigt.

Bei einem derselben kam ich auch auf die Spur dessen, was unseren gefeierten Landsmann vielleicht veranlasst hat, in Amerika drüben den Namen Sealsfield anzunehmen.

Unweit von Poppitz liegt ein Weingartengebiet, wo ein trefflicher Rebensaft wächst. Dieses Gebiet führt in der Catastral-

Mappe den Namen „Siegelfeld“. Auch die Familie Postl hatte dort einen Grundbesitz.

In dieser Gegend nun, in dem unfern davon gelegenen Walde der „Einsiedelleiten“ hatte sich der junge Postl sein Lieblingsplätzchen erkoren.

Dort weilte er als Gymnasiast und auch später noch als junger Priester und träumte und sann. — — — — — — —

Meine Vermuthung besteht nun darin, ob nicht vielleicht die Pietät für das Lieblingsplätzchen seiner Jugendzeit den Dichter bestimmt haben mag, sich den Namen „Sealsfield“ — das englische Wort für „Siegelfeld“ — zu wählen. (?)

Es ist das allerdings blos eine Vermuthung von mir, die aber immerhin an innerer Wahrscheinlichkeit dadurch gewinnt, wenn man erwägt, dass der Waldantheil, in dem das seinerzeitige Lieblingsplätzchen des jungen Postl sich befindet, Eigenthum der Familie Postl war.

Zum Mindesten müsste es als eigenthümlicher Zufall bezeichnet werden, dass der Kreuzherren-Flüchtling sich im fernen, fremden Lande einen Namen gewählt hat, welcher in seiner Heimat — allerdings natürlich in deutscher Sprache — unter den Poppitzer Weingärtenbesitzern so geläufig ist.

Es ist in der That so hübsch oben auf der Höhe der „Einsiedelleiten“, dass ich mir es wohl erlauben darf, meine Leser zu einem Spaziergang hinauf einzuladen.

Umfächelt von Cyclamen- und Veilchenduft fühlen wir bei jedem Schritte aufwärts mehr und mehr den bestrickenden Zauber der uns umgebenden dichterisch berauschenden Einsamkeit des Waldes, der sich bald hebend, bald senkend, bald dichter, bald dünner bewachsen, rings umher ausdehnt.

Wohin wir blicken, da regt sich das Thierleben in seinen vielfältigen Gestaltungen und ab und zu kreuzt sogar ein gewaltiger Hirsch unseren Weg. Auch die Pflanzenwelt führt dem Auge ihre Wunder vor. Seltene Blumen und Blüthen wetteifern durch bunten Farbenglanz, während vielartiger Vogelsang das Ohr ergötzt.

Bei unserem Nahen wird es stille. Das ahnungsvolle Schweigen eines gottgeweihten Tempels schwebt über den in Wellenform gesenkten und wieder gehobenen Fluren.

Plötzlich, fast ohne Übergang kommen wir auf einen Punkt, der uns den geradezu überwältigenden Anblick einer hier sich ausbreitenden Berg- und Flusswelt gestattet.

Wir stehen auf einer hohen, balkonartigen Felswand, die sanft aus dem Walde tritt und dann plötzlich steil und schroff in das Flussthal hinabstürzt. Tief unter uns, dem Ohre kaum mehr vernehmbar, wälzt die Thaya ihre glitzernden Wogen durch die Waldesdämmerung dahin.

Gegenüber am linken Ufer, gewahren wir den in wildem Tosen einherstürmenden „Teufelsbach", dessen blitzende Cascaden eine donnernde Musik bringen in das schwermüthige Schweigen des allseits sich ausdehnenden Waldes. Rechts vor dem Eingange zu dieser an düsteren Reizen reichen Schlucht fesselt der thronartig aus dem Walde sich hebende „Königstuhl" den Blick.

Mit Lust und Wonne folgt das Auge dem abwärtigen Laufe des Flusses, der bald in smaragdenem Glanze zwischen Wald und Flur hell aufleuchtet, bald wieder in dunklen Schatten schwarzer Felsmassen verschwindet, um endlich am Fusse des Znaimer Burgfelsens zwischen schroffen Wänden teichartig auszuweiten.

Über der spiegelnden Fläche breitet sich die Stadt Znaim aus, die mit ihren freundlichen Häusergruppen, ihren Kirchen und alterthümlichen Thürmen und dem sie umschlingenden Kranze sonniger Rebengelände und Obstgärten, aus denen im blauen Hintergrunde die fernen Polauerberge auftauchen, lachend herübergrüsst, ganz eigenartig abstechend von der tiefen Melancholie der Wälder um uns.

Einen ganz entgegengesetzten Eindruck empfangen wir, sobald wir von unserem luftigen Balkon flussaufwärts blicken.

Wir schauen da auf unheimliche, wüst zerrissene Klippengestade der in zwei gewaltigen Halbkreisbögen gekrümmten oberen Thaya und auf ihre wilden Thalseiten. Bald bilden dieselben starre, steile Felsenwände, die sich den leicht dahintänzelnden Wellen voll Trotz und Hohn entgegenstemmen; bald sind es chaotisch zusammengeworfene Steinhalden, die in ungezügelter Wildheit in den Fluss hinabstürzen und ihn beengen, bald wieder ist es Wald und Gestrüppe, was die Sinne abenteuerlich erregt.

Die verschiedenartigsten Eindrücke voll scharfer Gegensätze, die von allen Seiten das Gemüth bestürmen, die weihevolle Sonntagsruhe, die lautlose Einsamkeit und die stille Weltabgeschiedenheit um uns lassen gar eigenthümliche Regungen in der Brust erwachen.

Und Gefühle voll bitterster Wehmuth und unstillbarer Sehnsucht mögen es auch gewesen sein, die den hochstrebenden, aber unglücklichen ältesten Sohn des Poppitzer Landrichters Postl aus dem engherzigen Elternhause stets hieher lockten auf dieses von aller Welt abgekehrte Plätzchen der einsamen Einsiedelleiten. —

Das zauberische Bild, das die Natur so gross und erhaben um uns entrollt hat, bringt uns unwillkürlich auf die Vermuthung, dass der junge Postl im sorgsamen Belauschen dessen, was die Natur denkt, spricht und fühlt, hier sich auch die erste Anregung geholt zu der Kunst seiner Naturmalerei, einer Kunst, in der er es später als Charles Sealsfield zur unübertroffenen Meisterschaft bringen sollte.

Und so stehen wir denn da und sinnen und schauen. Magisch gebannt und willenlos folgt das Auge den Silberfluthen des Flusses und wo seine Wellen in den Bergen schwinden, schwingt sich die Phantasie in das endlos blaue Luftmeer empor, auf dem sie über den weiten Ocean kühn hinübersegelt in die ferne transatlantische Tropenzone und wieder zurück in die europäische Wunderwelt der Schweizer Gletscher, wo der stolze Bürger Amerikas noch weiter wirkte und wo endlich der Tod dem müden Einsiedler von Solothurn den ersehnten Frieden, unserer Heimat aber ihren verlorenen Sohn wieder gegeben hat.

Schwer nur trennen wir uns von dem liebgewordenen Plätzchen, das alle unsere Sinne mit so mannigfachen Reizen entzückt.

Als ich zum ersten Male dieses Plätzchen betrat, überkam mich ganz unwillkürlich das Gefühl, als ob ich hier auf geweihtem Boden stünde.

Das göttliche Walten der Natur rings umher, verbunden mit dem Gedanken, dass ich hier am Lieblingsplätzchen eines gottbegnadeten Dichters weile, stimmte mich andächtig und so oft ich in der Zukunft das Bedürfnis fühlte, mich andachtsvoll zu erheben über das Alltagstreiben, eilte ich auf das einsame Waldplätzchen.

Im Jahre 1866, bevor ich in den Krieg hinauszog, um auf dem Felde der Ehre für Kaiser und Vaterland meine Pflicht zu thun, war es, dass ich den Manen Sealsfields dadurch einen Tribut meiner Pietät zollte, indem ich die Felswand mit den Anfangs-Buchstaben seines Namens (Ch. S.) bemalte.

Es war dies zwar nur eine ganz bescheidene Huldigung, aber sie kam aus dem Herzen. — — — — — — — — —
— —

Nach einer ziemlich bewegten Zeit in Freundes- und Feindesland, worüber ich in meinen „Österreichischen Garnisons-Erinnerungen“ (Verlag Helwing in Hannover) und in den „Österreichischen Kriegs-Erinnerungen“ (Verlag Reclam in Leipzig) Näheres berichtet habe, nach Znaim zurückgekehrt, trat ich im Jahre 1869 wieder in die Buchhandlung „Fournier & Haberler“ ein.

Und wieder war es Sealsfield, der mich in meinen Mußestunden hauptsächlich beschäftigte.

Wie zuvor so veröffentlichte ich auch jetzt wieder in österreichischen und deutschen Zeitschriften Aufsätze über den Dichter und ging weiters seinen Fährten nach.

Mein Sinnen und Trachten ging zunächst dahin, etwas über Postl als Schüler des Znaimer Gymnasiums zu erfahren.

Glücklicherweise lebte in Znaim ein ehemaliger Mitschüler des Mannes, dem mein Forschen galt.

Herr Anton Buchberger — so hieß der ehemalige Schul-College Sealsfields — war quiescierter Bürgermeister der Stadt Znaim, der sich als actives Oberhaupt der genannten Gemeinde um dieselbe allerlei Verdienste erworben und diese Stelle daher viele Jahre bekleidet hatte.

Der alte Herr wurde förmlich wieder jung, als ich mit ihm auf seine längst entschwundenen „Studentenjahre“ zu sprechen kam. Mittheilsam gab er so manche Erinnerung zum Besten.

In Feuereifer gerieth er, als die Rede auf Napoleon I. kam, der an der Spitze seiner Soldaten im Jahre 1805, zu einer Zeit also, da er (Buchberger) bereits ein 12jähriger Gymnasiast war, in Znaim seinen Einzug gehalten. Er und alle seine Collegen wären Augenzeugen dieses Schauspiels gewesen.

Auf den Collegen Postl übergehend, meinte er, dass derselbe, wie er sich lebhaft erinnere, in allen Classen, ein dummer, täppischer Bauernjunge ohne jede Ambition, ohne alles Talent und ohne geistiges Streben gewesen sei, der sich von seinen Mitschülern besonders von den städtischen, in blödem, trotzigem Bauernstolze abgekehrt habe. Wie bei den Mitschülern so sei er (Postl) auch bei den Lehrern nicht beliebt gewesen.

Es war also wenig oder gar nichts Schönes, was ich da von dem alten gemüthlichen Herrn über meinen Lieblings-Dichter erfahren hatte.

Ebenso ungünstig, ja wo möglich noch ungünstiger lautete das Urtheil eines zweiten alten Herrn über den jungen Postl

Dieser zweite alte Herr war in den Jahren 1813 bis 1822 dessen Confrater im Kreuzherren-Orden gewesen, sein Mitbruder in Christo.

Seither Propst geworden, lebte er nun als solcher in dem eine Viertelstunde von Znaim entfernten Pöltenberg. Propst Josef Pannosch — dies sein Name — war wie gesagt gar nicht gut auf seinen ehemaligen Ordensbruder zu sprechen.

In seiner Erinnerung lebte er als geistig beschränkter, ganz und gar unbedeutender Mensch.

Dass derselbe Werke geschrieben, wie wir solche in den Werken Sealsfields bewundern, hielt er für absolut unmöglich. Für solche Arbeiten besaß Postl nicht eine Spur von Eignung. Postl dürfte diese Werke ihrem wirklichen Verfasser, dem eigentlichen Sealsfield, nachdem er denselben ermordet, geraubt und sie, sich mit fremden Federn schmückend, für seine eigenen Schriften ausgegeben und zu diesem Zwecke den Namen Sealsfield angenommon haben, so schloß Propst Pannosch jedesmal seine diesbezüglichen Ausführungen.

Ein ähnliches Urtheil wie das des Znaimer Bürgermeisters und des Pöltenberger Probstes sollte ich Schwarz auf Weiss auch im Archive des k. k. Gymnasiums in Znaim, wo ich gleichfalls Umschau hielt, lesen.

Durch die freundliche Vermittlung des Prof. Dr. Pichler bekam ich die Papiere zu Gesicht, auf denen ich die Leistungen Postl's als Gymnasiast in den Jahren 1803—1807 verzeichnet fand.

Nach diesen officiellen Aufzeichnungen, die ich gleichfalls wie die früheren „Sealsfieldiana" in der „Neuen Freien Presse" veröffentlichte, wäre der spätere Dichter ein mittelmässiger Durchschnitts-Schüler gewesen, von dem dessen Lehrer nichts Hervorragendes für die Zukunft gewärtigten.

Auch dieser Aufsatz wurde, ein Beweis wie sehr man sich damals für Sealsfield interessierte, in vielen Blättern abgedruckt. Um nun Näheres aus der Zeit des Aufenthaltes Postl's in Prag zu erfahren, suchte ich mich auch mit dortigen Kreisen in Verbindung zu setzen.

Höchst interessante Mittheilungen kamen mir von der gräflichen Familie Clam Gallas zu. Aus denselben erfuhr ich, dass der junge Kreuzherr Postl in den distinguirtesten Häusern der böhmischen Landeshauptstadt verkehrt und dass er überall in diesen Kreisen ein gern gesehener, willkommener Gast war.

Ganz im Widerspruche mit den Aussagen der Lehrer und Collegen Postl's über denselben lautete das Urtheil der gräflichen Familie (Mutter und ältester Sohn*) dahin, dass der

*) V. Hamburger erwähnt in seiner im Jahre 1879 erschienenen Sealsfield-Publication („Sealsfield-Postl") dieser damals noch in meinem

junge Geistliche sich in Prag stets durch entschiedene Vorliebe für geistige Anregungen ausgezeichnet habe. Er wohnte regelmässig den Diletanten-Vorstellungen, mochten dieselben nun auf das Gebiet des Theaters oder auf das des Concertsaales gehören, im Palais Clam Gallas bei.

Bei den Aufführungen von Classiker-Werken — es wurde zumeist Schiller cultivirt — wirkte P. Postl, der inzwischen, was abermals gegen die bekannten Znaimer- und Pöltenberger Urtheile spricht, Secretär des Großmeisters geworden war, persönlich mit. Als letzte dieser Vorstellungen — am 15 August 1818 — wurde „Maria Stuart" aufgeführt.

Dabei war er, sich als echter Weltmann erweisend, auch dem Tanzvergnügen nicht gerade abhold.

Ziemlich gleichzeitig mit den Prager Nachrichten erhielt ich von dem jüngsten Bruder Sealsfield's, von dem damals als pensionirten k. k. Bezirksvorsteher in Salzburg lebenden Josef Postl mehrere Briefe, die mir ebenfalls große Freude bereiteten. Besonders galt das von zweien dieser Briefe.

Dem einen dieser Briefe lag eine Original-Photographie des Dichters, welcher kurz vor seinem Tode erst auf vieles Zureden sich abnehmen liess, bei und eine vollkommene Abschrift des Testaments, in welcher von Sealsfield „die ehelichen Abkommen des Anton Postl und seiner Ehefrau Juliana, geborene Rabel in Poppitz als Haupterben bezeichnet wurden".*)

Besitze gewesenen Briefe der gräfl. Clam Galias'schen Familie, führt aber deren Inhalt nicht an. Die Briefe befinden sich gegenwärtig im Besitze des Olmützer und des Znaimer Stadtmuseums, welchen Anstalten ich dieselben schenkte.

*) Die bemerkenswerteste Stelle des am 7. März 1864 „unter den Tannen" bei Solothurn von „Charles Sealsfield, Bürger der Vereinigten Staaten" unterfertigte Testament lautet:

„Sollte jedoch einer dieser fünf Söhne oder Töchter mit Tod abgegangen oder sonst abhanden gekommen sein, so falle sein Hauptantheil seinen Kindern zu und sollen keine Kinder vorhanden sein, den übrigen Söhnen und Töchtern der Familie."

Im zweiten Briefe schilderte mir Josef Postl in ausführlichster Weise mit allen Neben-Details die Flucht seines Bruders aus Prag.

An diese Flucht hatte sich bekanntlich, von gewisser Seite ausgehend, unter dem Deckmantel feiger Anonymität das Gerücht geknüpft, der flüchtige Kreuzherr habe eine grosse, dem Orden gehörige Geldsumme — 80.000 Gulden — veruntreut und mit sich genommen.

Josef Postl, welcher um diese Zeit als Student in Prag gelebt hatte und der täglich im Ordenshause verkehrte, wo er auch bis zum Abschlusse seiner Studien die Mittagskost erhielt, stellte auf Grundlage eines von dem Großmeister officiell ausgestellten Zeugnisses dieses Gerücht als böswillige, jeder Begründung entbehrende Lüge und Verleumdung hin.*) Gleichzeitig wies er auch darauf hin, dass sein Bruder als Secretär mit den Ordensgeldern gar nichts zu schaffen gehabt.

Ferner theilte Josef Postl mir gleichfalls mit, dass sein Bruder Karl sich in hohen und höchsten Kreisen Gönner und Gönnerinnen zu erwerben verstanden, deren mächtige Hilfe es ihm möglich gemacht hatte, ohne entdeckt, resp. aufgehalten zu werden, seine Flucht ausführen zu können.

Beide Schriftstücke, das Testament sowohl wie auch die Schilderung des geheimnisvollen Verschwindens aus Prag machten in der Form von Zeitungsartikeln, theils in vollständiger Wiedergabe, theils im Auszuge die Runde durch fast sämmtliche Blätter. Um den Original-Schriftstücken für die Zukunft einen sicheren Aufbewahrungsort zu schaffen und um sie allgemein zugänglich zu machen, legte ich dieselben später gleichzeitig mit anderen ähnlichen Papieren, darunter auch den literarischen

---

*) Was die Grundlosigkeit des boshaften Gerüchts: „Secretär Postl habe Ordensgelder veruntreut“ betrifft, so hat auch die „Bohemia“ in Prag mehrere diesbezügliche Ehrenerklärungen gebracht. Diese Erklärungen sind von umso höherem Werte, weil dieselben von einem ehemaligen Kreuzherrn, dem Redacteur Walter stammen.

Postl hatte es, Dank seinen Verbindungen in der That nicht nöthig, seine Freiheit durch ein Verbrechen zu erkaufen.

Nachlass Sealsfields,*) seine eigenhändigen letzten Manuscripte, theils im Znaimer, theils im Olmützer Stadt-Museum nieder.

Bald nach Erhalt der oben bezeichneten zwei Briefe Josef Postl's kam ich mit dem Schreiber in persönliche Berührung und ebenso auch mit dessen Schwager Karl Brandner, welcher die ältere Sehwester Sealsfield's geheiratet hatte.

Die beiden Herren hatten mir gegenüber einen recht schweren Standpunkt. Ich war unerschöpflich in Fragen, die ich an sie richtete und die alle sich um ihren grossen Verwandten drehten.

In der That erfuhr ich so Mancherlei, was mir damals noch neu war.

So z. B. wurde mir erzählt, dass Karl Postl bereits als Kreuzherr in Prag sich eifrigst mit dem Studium der englischen und französischen Sprache befasst habe, durch seinen Verkehr in Kreisen, welche der Spitze der Gesellschaft angehörten, hatte er in der Conversation, was die französische Sprache betrifft, in Prag es schon zu einer gewissen Meisterschaft gebracht. Im Englischen war er um diese Zeit größtentheils noch Theoretiker. Auch Musik, namentlich Clavierspiel, betrieb der junge Pater.

Aus seiner Abneigung gegen den geistlichen Stand machte er auch seinem jüngeren Bruder gegenüber kein Hehl. Oft sagte er, hiebei in eine gewisse Wehmuth verfallend, dass er jene jungen Männer glücklich schätze, welche sich ihren Stand selbst wählen dürfen. Er könne es nicht begreifen, äußerte er weiter, dass es noch immer Jünglinge gebe, welche dem Priesterstande zuströmen. Als Josef selbst einmal diesen Wunsch äußerte, redete sein geistlicher Bruder ihm das ganz entschieden aus.

---

*) Unter den Aphorismen seines literarischen Nachlasses befinden sich u. A. die nachfolgenden echt menschlich wahren Worte in englischer Sprache:

„Der, welcher zurückgekehrt durch Laster zur Tugend, durch Schmach zum Ruhm ist oft ein besserer Mann, als der, welcher niemals gefehlt hat.“

Mit seinen Ordensbrüdern verkehrte P. Postl sehr wenig und nur, wenn er musste.

Obschon nun Opfer eines verfehlten Berufes hing Karl Postl doch mit aller Liebe und Zärtlichkeit an denen, durch die er zu diesem Opfer geworden war, besonders an seiner Mutter. Als dieselbe ihn, wie schon oben erwähnt, einmal in Prag besuchte, war er glückselig vor Freude. Josef Postl erzählte mir, dass es geradezu rührend war, diese Freude mit anzusehen. In glänzender Equipage führte er die einfache, in der Tracht ihres Heimatsdorfes gekleidete Bäuerin in den Straßen herum, ihr Alles zeigend, was sie interessierte und sie überall in die stolzen Häuser einführend, wo er selbst verkehrte.

Auch auf die Flucht seines Bruders aus Prag, die er mir früher schon in aller Ausführlichkeit schriftlich geschildert, kam Josef Postl nun mündlich zurück.

Von einem Prager Banquier sei der Flüchtling durch Geldmittel, von einem vielvermögenden Wiener Hofrath durch die Mittel seiner Macht — Josef Postl nannte mir auch die Namen der beiden Protectoren seines Bruders, ersuchte aber um Discretion — unterstützt worden. Kurz vorher sollte P. Postl durch Vermittlung eines seiner Wiener Gönner eine Hof-Kaplanstelle in Wien erhalten.

Am Vorabende seiner Abreise von Prag — auf Nimmerwiederkehr — hatte Karl Postl seinen Bruder als Gast zu sich geladen. Josef erinnerte sich, dass sein Bruder Karl damals sehr wehmüthig und einsilbig war, schmerzerfüllt nahm er Abschied, um — so gab er vor — sich mehrere Wochen in Karlsbad aufzuhalten.

Über Wien, Innsbruck begab er sich in die Schweiz und von da nach Amerika.

Seit diesem Abend hatten sich die beiden Brüder nicht mehr gesehen, obwohl es ziemlich sicher gestellt ist, dass der inzwischen von seinem Vater, dem gestrengen Poppitzer Landrichter enterbte Karl Postl später einmal als Charles Sealsfield in Wien weilte und bei dieser Gelegenheit von dem amerikanischen Gesandten dem nachherigen Minister Dr. Berger vorgestellt worden ist.

Es sollten 44 Jahre vergehen, bevor Josef Postl von seinem so plötzlich verschollenen Bruder wieder hörte, leider aber nur von seinem todten Bruder. . . Ein Lebenszeichen war in dieser ganzen langen Zeit nicht gekommen, dafür aber — in den Junitagen des Jahres 1864 — das Testament Karl Postl's nun Charles Sealsfield genannt, durch welches Josef, seine vier Brüder und seine zwei Schwestern Erben eines noch immer beträchtlichen Vermögens wurden, welches sie dem enterbten Bruder dankten.

Um die Erbschaftsangelegenheit zu ordnen, war Josef Postl und dessen Schwager Karl Brandner nach Solothurn gefahren. Dort angelangt fiel Josef Postl vielfach durch die frappante Ähnlichkeit mit seinem Bruder „Sealsfield“ auf und wurde er sogar, Dank dieser Ähnlichkeit mit „Mr. Sealsfield“ angesprochen.

Wie mein Gewährsmann weiters bemerkte, fand er sich ganz eigenartig heimisch angemuthet, als er das Landhaus „unter den Tannen“, welches sein Bruder nächst Solothurn bewohnt hatte, betrat und hier durch verschiedene Einrichtungen sowie durch die Anlage und den Baustil des Hauses lebhaft an das Elternhaus in Poppitz erinnert wurde.

Überhaupt war aus vielen Mittheilungen Josef Postl's zu ersehen, dass unser Sealsfield das Gefühl grosser Anhänglichkeit und Pietät gegenüber seiner Verwandtschaft und seiner Heimat stark in sich ausgeprägt hatte.

In allgemein auffälliger Weise kam dieser sein Familien-Sinn im Jahre 1859 während des Feldzuges Österreichs gegen Frankreich und Sardinien zum Durchbruche. Auf einem der italienischen Schlachtfelder (bei Custozza) war ein österreichischer Lieutenant, Namens Heinrich Postl, auf dem Felde der Ehre gefallen.

Sealsfield hatte das zufällig in der Verlustliste irgend einer Zeitung gelesen. Nahe Bekannte von ihm, sagten als Augenzeugen aus, dass sie den angeblichen Fremdling aus Amerika nie so aufgeregt und gewaltig ergriffen gesehen hatten, als nach der Lectüre der Zeitung, welche diese Nachricht gebracht hatte.

Er hatte überdies den Namen „Postl“ in der Zeitung gleichsam als Zeichen der Trauer mit einer schwarzen Umrahmung angezeichnet. Mit diesem Zeichen versehen wurde das betreffende Zeitungsblatt nach dem Tode Sealsfields auch unter dessen Nachlasse vorgefunden.

Dass ein warmes Vaterlandsgefühl ihn beseelte, das ihm sogar unter den frostig kalten Yankees nicht abhanden gekommen, das war, zumal in den letzten Jahren seines Lebens wiederholt an ihm beobachtet worden. Bei verschiedener Gelegenheit kam seine innige Sympathie für das Reich der Habsburger bei ihm zum Ausbruche.

Ganz besonders lebhaft und unzweideutig trat dieses Gefühl des Österreicherthums während des österr.-franz.-piemont. Krieges zu Tage. Sealsfield nahm damals so entschieden Stellung für Österreich und gegen Napoleon und Victor Emanuel, dass er in größerer Gesellschaft von einem Mitgliede dieser Gesellschaft, von einem gewissen Med. Dr. Ziegler allen Ernstes ein verkappter Österreicher genannt wurde.

Dem Nationalrath Peyer in Hof gegenüber, welcher längere Zeit mit ihm in Verkehr stand, später auch sein Testamentsvollstrecker wurde, also ein Mann seines Vertrauens war, gab Sealsfield einmal in einem unbewachten Augenblicke es auch in der That zu, dass er ein Deutsch-Österreicher sei. Früher einmal, als er im Jahre 1854 für das Brockhaus'sche Lexikon seine Biographie liefern sollte, erklärte er sich für einen Deutschen, der nach Amerika ausgewandert sei. Von der Redaction eines illustrirten Journals wurde Sealsfield einmal ersucht, sich photographiren zu lassen. Davon aber wollte er, wahrscheinlich aus Furcht erkannt zu werden, nichts wissen.

Aus der Zeit seines Aufenthaltes in Solothurn sei weiter noch erwähnt, dass Sealsfield hieselbst im Rufe großer Kinderfreundlichkeit stand. Wiederholt hatte Josef Postl Anlass das zu hören. Besonders das Söhnlein des Waisenlehrers Müller erfreute sich der Gunst des alten Mannes, der sonst so unzugänglich war.

So oft er das Kind begegnete, beschäftigte er sich in zärtlichster Weise mit demselben.

Dem Vater desselben sagte er wiederholt, er halte es für die größte Freude von Eheleuten, wenn sie mit gesunden braven Kindern gesegnet sind.

Unter solchen Gesprächen kam er zumeist auch auf das Kapitel „Mutterliebe“ zu sprechen, wobei der sonst so hart ausschauende Greis ganz weich und nicht selten von Rührung übermannt wurde.

Von der Schweiz aus, wohin Sealsfield im Jahre 1832 aus Amerika sich zurückzog, nachdem er einen großen Theil seines Vermögens, das er durch kaufmännische Beschäftigung erworben, bei unglücklichen Speculationen wieder verloren hatte, besuchte er noch dreimal die Republik der Vereinigten Staaten.

Als Rest seines Besitzes an Ländereien besaß er dortselbst noch eine Baumwoll-Plantage im beiläufigen Wert von 30.000 Dollars. Diese besichtigte er in den Jahren 1837, 1850 und 1859 von Europa aus.

Als Kaufmann im Zeichen des amerikanischen Sternenbanners war er reich und wieder arm geworden, im Dienste der Feder, als Schriftsteller und Journalist, war Sealsfield in der zweiten Hälfte seines vielbewegten, mannigfach gestalteten Lebens wieder zu Vermögen gekommen. Er war aber auf diesem Gebiete in so hohem Grade vielseitig, dass er mit gleicher Befähigung und gleicher Gewandheit für deutsche, englische, französische und spanische Blätter schreiben konnte.

Auch die von ihm — einem echten und wahren — self made man — verfassten Bücher, welche sich bekanntlich alle durch einen selten psychologischen Gehalt und durch glühenden Farbenreichthum sowie durch die seltene Begabung, den sprödesten politischen Stoff amüsant zu behandeln, auszeichnen, hat er in verschiedenen Sprachen geschrieben.

Sealsfield muss sehr üble Erfahrungen gemacht, die Menschen von der denkbar ungünstigsten Seite kennen gelernt haben, denn in Solothurn sowohl wie auch früher in Schaffhausen war er wegen seines Argwohnes gegen Jedermann, wegen seines Misstrauens geradezu berüchtigt. Diesen Characterzug hatten Nationalrath Peyer, Alfred Hartmann und selbst auch seine von ihm hoch verehrte Freundin, Frl. Elise Meyer an ihm kennen gelernt.

Der hervorstechendste Characterzug des alternden Sealsfield war — eine fast an Geiz grenzende Sparsamkeit. Bis zu seinem Tode konnte er es nicht vergessen, dass er als Geschäftsmann einmal drüben in Amerika Bankerott gemacht und sein ganzes damaliges Vermögen eingebüsst hatte.

Aus Angst sein als Redacteur und Mitarbeiter der Zeitungen „Le Courier des Etats unis“, „The Morning Courier“, „The Englishman,“ „Augsburger Allg. Zeitung“ etc. neuerdings erworbenes Vermögen — in Amerika gibt es grössere Honorare und man kann als Zeitungs- und Büchermann sogar reich werden — wieder zu verlieren, war Sealsfield in seinen alten Tagen ein Knicker geworden, dessen „Sparsamkeitssinn“ sich nicht nur auf sein tägliches Brod, sondern auch auf seine Kleidung erstreckte. In der That muss es dem Dichter nach dem Verluste seines ersten Vermögens und bevor er bei den oben genannten Zeitungen Anstellung fand, sehr schlecht gegangen sein.

In seinen Briefen an deutsche Verlagsbuchhändler, bei denen er Werke verlegen wollte, klagte er beständig über Geldnoth. Oft besass er nicht so viel Geld, um das Postporto bezahlen zu können. Als Sealsfield aus seinem „Adoptiv-Vaterland“ Amerika nach Europa zurückgekehrt war, war er wieder ein „vermögender Mann“, was ihn aber nicht hinderte, seine Honorar-Forderungen an den Verleger seiner deutschen Werke (J. B. Metzler in Stuttgart) möglichst hoch zu stellen. —

Den einzigen Luxus, — wenn man das so nennen darf, — den sich der alte und durch eigene Kraft wieder reich gewordene Sealsfield gönnte, war der, dass er sich immer guten Wein, — stammte er ja aus einer Weingegend, — vorräthig hielt und einen guten Tropfen nicht verschmähte. Er hielt große Stücke auf diese edle Gottesgabe. Aber auch hier hielt er Mass. „Keinen Tropfen mehr,“ so lautete seine Devise.

Herr Erhard, der Besitzer des oben erwähnten Metzler'schen Verlags in Stuttgart, mit dem Sealsfield in den Jahren 1841 bis 1854 von Schaffhausen, Zürich, Tegernweilern und Feuerthalen in einem regen brieflichen Verkehre stand, hatte mitunter ganz sonderbare Zumuthungen über sich ergehen zu lassen.

Bald verlangte der Dichter ein größeres „weniger altväterisches“ Honorar, widrigenfalls seine weiteren Werke bei Brockhaus in Leipzig erscheinen würden, bald wieder hatte Herr Erhard die Weiterbeförderung von Briefen zu besorgen — Sealsfield wollte sich das Postporto ersparen — und so gab es noch allerlei andere Anliegen. Außer Geld und Bücher hatte der Stuttgarter Verleger unserem Landsmann, der bis zu seinem Tode ein rüstiger Spaziergänger war und hiebei selbst das schlechteste Winterwetter nicht scheute, sogar . . . Leder für „wasserdichte Stiefel“ geliefert.

Eine heut zu Tage äußerst selten gewordene Tugend, durch die Sealsfield, welcher, nebenbei bemerkt, sich gern „Esquire“ nennen liess, sich auszeichnete, war seine Collegialität. Wiederholt machte er in kräftigster Weise bei Verlagsbuchhändlern den Fürsprecher zu Gunsten von Schriftstellern, welche einen Verleger suchten. Namentlich sei diesbezüglich u. A. Ida von Düringsfeld erwähnt, für die er sich bei zwei Romanen (darunter „Antonio Foscarini“) energisch und mit Erfolg verwendete.

Hie und da wurde der einsame Dichter auch von Gastgebergelüsten angewandelt. Dem Buchhändler Erhard hatte Sealsfield mehrmals seine Gastfreundschaft angeboten, ihm den Genuss von feinen Weinen und echten Havanna-Cigarren in Aussicht stellend.

In Sealsfields hinterlassenen Briefen, von denen ein großer Theil in dem von Victor Hamburger bei Rosner in Wien herausgegebenen Buche „Sealsfield-Postl“ enthalten ist, finden sich interessante Bemerkungen über österreichische, deutsche und Schweizer politische Zustände.

In einem dieser Briefe beklagt der Verfasser sich bitter, dass er ein Nachahmer und Schüler Ch. Dickens genannt werde und weist auf seine Priorität hin. In seinen Briefen aus dem Jahre 1848 ist Sealsfield entzückt über die damalige liberale Strömung, erklärt sich aber mit aller Entschiedenheit gegen den Radicalismus, von dem er das Schlimmste für die Zukunft fürchtet. Und so ist denn in diesen Briefen noch so manches Interessante enthalten.

Bevor Sealsfield nach Europa übersiedelt war (1832), war er, von Amerika aus, seit dem Jahre 1826 mit Buchhändler Cotta in Stuttgart in geschäftlicher Verbindung. Kurz vorher war er bankerott geworden. Die Noth hatte ihm die Feder in die Hand gedrückt. — — — — — — — — — — — — —

Im Jahre 1863 erkrankte der einsam und verlassen „Unter den Tannen“ lebende Dichter an einem Krebsleiden. Alle dagegen angewendeten Kur-Methoden blieben erfolglos; die Genesung des Patienten wollte nicht eintreten.

Am 26. Mai wurde der Einsiedler von Solothurn durch den Tod von allen seinen Leiden erlöst, müde und matt geworden schloss er für immer seine Augen. Kurz vorher noch hatte er seine Grabinschrift, zwei von innerster Zerknirschung zeigende Psalmen,*) selbst gewählt. Am Nikolai-Friedhofe bei Solothurn liegt der Dichter „beider Hemisphären“ begraben. — — — — — — — — — — — — — — — — —

— —

In den vorangegangenen Zeilen habe ich es versucht, das Alles zu Papier zu bringen, was von Verwandten und persönlich Bekannten unseres landsmännischen Dichters theils mündlich theils schriftlich mir mitgetheilt worden ist.

Es sei mir noch gestattet, der Geschichte seines Denkmals in Znaim einige wenige Worte zu widmen.

Im Herbste des Jahres 1873 ging ich daran, das Denkzeichen, das ich im Jahre 1866 den Manen unseres grossen

*) Die zwei Psalmen befinden sich in englischer Sprache auf dem Grabstein und lauten:

Psalm 143. Und gehe nicht ins Gericht mit deinem Knecht, denn vor dir ist noch kein Lebender gerecht gefunden worden. Psalm 31. Habe Erbarmen mit mir, mein Gott, nach Mass deiner liebenden Güte, nach Mass deiner Gnade, lösche aus meine Vergehungen.

Landsmannes in mir vielleicht allein nur verständlicher Form im Walde der „Einsiedelleiten“ geweiht hatte, zu restauriren. Unterstützt von mehreren von den Dichtungen Sealsfield begeisterten Gymnasiasten übertünchte ich die Felswand mit weisser Ölfarbe und schrieb in schwarzen Lettern die nachfolgende Widmung darauf:

„Den Manen unseres grossen Landsmannes Charles „Sealsfield, geb. zu Poppitz am 3 März 1843, gest. zu „Solothurn am 26. Mai 1864.

Demzufolge — war ja diese Mahnung an die bisher unterlassene Ehrenschuld deutlich genug — fasste, hauptsächlich auf Anregung des die Denkmalsfrage eifrigst fördernden Gymnasial-Professors Dr. Leo Smolle, des rühmlichst bekannten Verfassers des Buches: „Charles Sealsfield's biogr. lit. Characterbild“, die Gemeindevertretung von Poppitz den pietätsvollen Entschluß das Geburtshaus ihres gefeierten Landsmannes mit einer Gedenktafel zu schmücken, was im Sommer 1875 wirklich geschah.

Um den Dichter auch dort zu ehren, wo einst die Wiege seiner geistigen Ausbildung gestanden, bildete sich in Znaim gleichfalls ein Denkmal-Comité, dessen Mitglieder nachstehend unter dem Aufrufe, welcher mit passendem Begleitschreiben von diesem Comité in die beiden Welten diesseits und jenseits des Oceans verschickt wurde, verzeichnet sind.

Der Aufruf lautete:

AUFRUF

zur Errichtung eines

Denkmals für Charles Sealsfield

(Karl Postl)

in Znaim.

Bereits schmückt eine schlichte Gedenktafel jenes Haus im anmuthigen Dorfe Poppitz, wo am 3. März 1793 der Dichter Charles Sealsfield geboren wurde, der durch sein, in den Schleier tiefsten Geheimnisses gehülltes wechselvolles

Geschick nicht minder, wie durch den berückenden Glanz seiner Kunstschöpfungen die höchste Bewunderung der gebildeten Welt auf sich lenkte und mit Recht der „große Unbekannte“ hieß.

Erst der Tod hat den „Dichter beider Hemisphären“ seiner österreichischen Heimat zurückgegeben, und in Znaim, in der Nähe seines Geburtsortes, am Eingange des Thayathales, dessen Waldesrauschen seine Jugend umflüsterte, in seiner ersten geistigen Bildungsstätte also, soll nach dem Entschlusse des unterzeichneten Comité's, dem gefeierten Dichter ein seiner Bedeutung würdiges Denkmal errichtet werden.

Wir hoffen, dass die Idee das Andenken des großen Landsmannes dort durch ein Denkmal zu ehren, wo die Schwingen seines Geistes zum kühnen Fluge in die Unsterblichkeit sich zu entfalten begannen, in allen Gauen des österreichischen Vaterlandes begeisterten Widerhall und werkthätige Unterstützung finden werde.

Aber auch außerhalb der Grenzmarken der österreichischen Heimat erhoffen wir eine solche liebevolle Förderung des Unternehmens.

Ist ja doch Charles Sealsfield ein Geisteskämpfer, dem weder die Schranken der Nationalität noch Confession den freien Ausblick in das volle Menschenleben je gehemmt oder gestört; leuchtet doch aus jedem seiner Werke der Geist wärmster Menschlichkeit und weltbürgerlicher Duldung uns entgegen und waltet in ihnen der Sinn lauterster, echtester Freiheitsliebe und das treueste Versenken in die Schönheitsfülle der Natur! Wo überall dieser kräftig ringende, zäh am Eigenartigen festhaltende und doch ins Ganze strebende Geist germanischen Volksthums geachtet und geadelt ist, werden die Gedankenschöpfungen Sealsfield's alle Zeit in höchster Ehre stehen.

Und so wenden wir uns denn vertrauensvoll an die grosse Gemeinde der Verehrer und Bewunderer des hochgefeierten Völkerpsychologen, der in seinen unvergänglichen Dichtungen Ost und West, die alte und die neue Welt mit einander vertraut gemacht und dem culturreifen Europa die Reize der blühenden Tochter Atlantis mit glühender Farbenpracht geschildert hat.

Möge Ost und West wetteifern in hochherziger Förderung des Werkes, das wir muthig begonnen haben, auf dass im Weichbilde der freundlichen Mährerstadt ein Denkmal sich erhebe, ihr zum stolzesten Schmucke, dem ruhmbedeckten Sohne Mährens und Bürger Nordamerikas, Charles Sealsfield, zum ewigen Gedächtnis!

Znaim, am 15. November 1875.

Das Comité:

Ferdinand Biegler,
Gemeinderath, Obmann.

Ferdinand Kerneker,
Gemeindeausschussmitglied. Obmannstellvertreter.

Oskar Meister,
Schriftführer.

Franz Dinter,
Rentier, Cassier.

Karl Brandner,
Privatier in Retz (Verwandter des Dichters.)

Konrad Jank,
Bürgermeister von Poppitz (dem Geburtsorte des Dichters.)

Ferdinand Buchberger,
Gemeindeausschussmitglied.

Johann Kilian,
Bürgerschuldirector und k. k. Bezirksschulinspector.

Johann Fux,
Stadtrath u. Reichsrathsabgeord.

Dr. Leo Smolle,
k. k. Gymnasial-Professor.

Leopold Ritter von Haberler,
Buchhändler.

Med. Dr. Emanuel Ullmann.

Die Gemeindevertretung der Stadt Znaim hat bereits einen geeigneten öffentlichen Platz zur Aufstellung des Denkmals in Aussicht gestellt.

Geldbeiträge zur Errichtung des Denkmals wollen gütigst an das Comité unter der Adresse des Obmannes Ferdinand Biegler, Gemeinderath und Bürgermeisterstellvertreter in Znaim, oder an eines der Comitémitglieder gesendet werden und wird die Veröffentlichung der Spenden stattfinden.“

Gleichzeitig mit diesem Aufrufe wurden Briefe nach Nah und Fern verschickt, in welchen um werkthätige Unterstützung.

ersucht wurde. Anfangs erfolgte das Einlaufen von Geldern ziemlich reichlich. Sorgten ja u. A. mehr oder minder die Verwandten, resp. Erben hiefür.

Auch in unserem Kaiserstaate (und da besonders im Kronlande Mähren) sowie in Deutschland kargte man nicht mit Geldbeiträgen. Ausserdem wurde in Österreich sowie in ganz Deutschland das Unternehmen durch die Männer der Feder — in Zeitschriften sowohl wie in Büchern — moralisch unterstützt. Dichter, Schriftsteller und Journalisten allerersten und ersten Ranges, wie Hofrath v. Weilen, Gottschall, Werner, Meissner, Hartmann, Lorm, Scherr, Wurzbach, Kertbenyi, Ohorn etc.*) setzten sich mit dem Gewichte ihrer Autorität für die Sache ein.

Aus Frankreich, England, Belgien, Spanien kamen durchgehends und in Massen klingende — Phrasen an Stelle von klingender Münze.

Alles in Allem erhielten wir kaum so viele Hunderter, als wir zum Mindesten auf Tausender gerechnet hatten. Nach fünf Jahren langer Arbeit und Sorge, im Oktober des Jahres 1881, wurde das trotzdem künstlerisch und gediegen ausgeführte Denkmal mit einem Kostenaufwande von — 1500 sage fünfzehnhundert Gulden ausgeführt. Im Mai 1879 hatte ich wegen meiner Berufung nach Olmütz die Schriftführerstelle, die mich ungemein an Erfahrungen bereicherte, niedergelegt.

Die größten Hoffnungen hatten wir in unserem Streben, den Landsmann-Dichter durch ein seiner Bedeutung würdiges Denkmal zu ehren, auf Amerika, wo Sealsfield zu Gunsten und im Interesse von Land und Leuten als Dichter, Schriftsteller und Journalist in drei resp. vier Sprachen erfolgreichst gewirkt hatte, gesetzt.

Aber gerade von dort, wo wir gewissermassen auch auf Dankbarkeit rechnen zu dürfen so naiv waren, kam Enttäuschung auf Enttäuschung, das Resultat all' unserer Rechnungen und Speculationen war eine große gewaltige Null . . . .

---

*) Auch die diesbezüglichen Briefe der obengenannten Männer habe ich grösstentheils in den Stadt-Museen in Olmütz und Znaim niedergelegt.

Selbst der in so vieler Beziehung mit Sealsfield geistesverwandte und überdies noch durch Bande der Landsmannschaft mit ihm verknüpfte Bauerssohn aus Schlesien, Hanns Kudlich, ließ uns im Stiche, obschon ich in gewissen Zwischenräumen dreimal um seine Verwendung in der Sache Sealsfields ansuchte.

Fürwahr, hätte Sealsfield länger gelebt und wäre er an meiner Stelle Schriftführer des Comités geworden, das die Aufgabe sich gesetzt, ihm ein Denkmal zu errichten, er hätte hiebei vollauf Gelegenheit gefunden ein Buch zu schreiben mit dem Titel: „Amerika as is it!“

Dass das Comité die Unterlassungssünde — eine solche ist es doch — beging, sich nicht an Oswald Ottendorfer in New-York zu wenden, geschah aus dem Grunde, weil dieser pietätsvolle treue Sohn Mährens, welcher durch seinen mächtigen Einfluss unser patriotisches Unternehmen gewiss unterstützt hätte, Europa gegenüber damals noch nicht in den Vordergrund getreten war, wie dies jetzt der Fall ist.

Anhang.*)

K. Postl als Gymnasiast in Znaim.

Aus dem „Liber Calculorum“ des Znaimer Gymnasiums (1776—1826) geht hervor, dass der Schüler Karl Postl (der spätere Sealsfield) die Anstalt in den Jahren 1802—1807 besuchte. Dieselbe zählte damals fünf Classen: I. Infima classis grammatica. II. media cl. gr. III. suprema cl. gr. IV. rhetorum und V. poetarum cl. Die Classification geschah nach folgenden fünf Hauptcategorien: I. Mores, II. Applicatio, III. Talentum IV. Doctrina religionis, V. Profectus. Eine Location der Schüler gab es nicht. Die Noten wurden in dreifacher Abstufung gegeben: E (Eminenz) I. (erste) und II. (zweite) Classe. Der Präfekt des Gymnasiums um 1802—1807 hieß Josef Scheidler, als Director der Anstalt fungierte damals ein gewisser Rosenzweig.

In den „Calculi Hyemales“ (1802—1803) finden wir Karl Postl bereits als Schüler der „Infimae cl. gr.“ Seine Zeugnisse weisen zumeist Noten erster Classe auf; er wird von seinen Lehrern als mittelmässiger Schüler geschildert.

Was aber gerade auffällig erscheinen muss und entweder ein beredtes Zeugnis dafür abgibt, wie sehr die Beurtheilung der Lehrer oft fehlgreift oder vielleicht auch nur für die Thatsache spricht, dass Sealsfields Talent erst in den reiferen Jahren seines Lebens geweckt und entfaltet wurde, ist das vollständig absprechende Zeugnis, das dem späteren Dichter „beider Hemisphären“ in einem der letzten Jahre — und Ironie des Schicksals gerade in der Classe der Poëten — ausgestellt wurde. Wir finden dort in der Rubrik „Talentum“ eine gewaltige „II“, also die schlechteste Note. Später besserten sich seine Zeugnisse wieder.

---

*) Der nachstehende Anhang ist der Reproducirung des Wortlautes mehrerer interessanter Aufzeichnungen gewidmet, die in den vorangegangenen Zeilen blos skizzenhaft und auszugsweise, weil für das raumbeschränkte „Dichterbuch“ bestimmt, behandelt wurden.

Freunden des Dichters Sealsfield und seiner Dichtungen wird die Ergänzung um so erwünschter sein, weil damit neuerdings bestätigt wird, dass unser große Landsmann aus eigener Kraft groß geworden.

Zur „Flucht“ Karl Postl's aus Prag.

In einem seiner Briefe, datirt vom 15. Dezember 1875, schrieb mir der mehrmals erwähnte k. k. Bezirksvorsteher Josef Postl über diese Flucht seines Bruders Folgendes:

„Es ist notorisch und es leben ja noch Zeitgenossen des Secretärs Karl Postl, die bestätigen können und gewiss es auch werden, dass mein Bruder Karl Ende April 1823 mit Bewilligung des Herrn General-Großmeisters — damals Anton Köhler — in Gesellschaft des Kreuzherrn und Predigers von Franzensbad, Kirschbaum, nach Karlsbad ging, um daselbst die Cur zu gebrauchen, und dass er am 15. Mai, dem Vortage des heil. Johannes von Nepomuk, wieder in Prag zurück sein sollte. Ebenso ist sichergestellt, dass meinem Bruder vom Ordenshause aus der Wagen nach Karlsbad geschickt wurde, er also nur wenige Tage vor dem 15. Mai sich von Karlsbad entfernt habe, weil sonst die Anzeige des Karlsbader Herrn Dechants hierüber noch zeitlich genug nach Prag gelangt und die Absendung des Wagens um den Secretär Postl unterblieben wäre. Es ergibt sich daraus, dass er ungefähr 14 Tage in Karlsbad sich aufgehalten haben muss. Ist wohl anzunehmen, dass man einem Manne, wenn er eine Kasse überhaupt, zumal eine solche, der er 80.000 fl. entnehmen kann, zu verwalten hat, in ein Bad zum Curgebrauch abreisen lassen wird, ohne die Übergabe der Kasse an seinen Stellvertreter für die Zeit der Abwesenheit zu veranlassen? Was für eine Wirtschaft müsste das sein, die eine solche Verfügung nicht träfe. Dieselbe war freilich im vorliegenden Falle nicht nothwendig, da ja Secretär Postl, wie unwidersprochen vorliegt, mit keiner Geldgebahrung betraut war. Mein Bruder gieng von Karlsbad nach Wien, machte dort die Aufwartung beim Minister Grafen Saurau, bei dem Grafen Liliencron und bei dem Fräulein S. v. Böhm aus Prag, was mir der Herr General - Großmeister persönlich mittheilte und daran die Bemerkung knüpfte: „Nun wird Ihr Herr Bruder bald wieder hier sein, nachdem die Polizeihofstelle, von der mir die Nachricht von seinem Aufenthalte in Wien zukam und an die ich mein Ersuchen um seine seiner Würde entsprechende Rückbeförderung in das Ordenshaus gestellt habe, seinen Aufenthalt weiß. Hätte mein Bruder sich einer Veruntreuung überhaupt, insbesondere von 80.000 fl. schuldig gemacht, so würde er dem Strafgerichte sowohl als der Polizei-Hofstelle als Verbrecher vom Herrn General-Großmeister angezeigt und von demselben nicht dessen Rücklieferung auf die seiner Würde entsprechenden Weise angesucht worden sein. Auch hätte sich Karl Postel gewiß gehütet, nach Wien zu gehen, um sich seinen Verfolgern selbst, so zu sagen zu überliefern, wenn er sich eines Verbrechens schuldig gewußt oder gefühlt hätte. Wenn schon bei der Abreise Karl Postls nach Karlsbad die Kassaübergabe unterlassen worden wäre, so müsste doch das Bekanntwerden seiner eigenmächtigen Entfernung von dort nach Wien eine Revision der Ordenscassa veranlasst haben, wenn er eine solche verwaltet hätte, und er wäre im Falle des „Schuldig" als Verbrecher verfolgt worden. Karl Postl soll nach der an den Herrn General-Großmeister eingelangten Anzeige der Polizei-Hofstelle in Wien, nach dortigem mehrtägigem Aufenthalte nach Poppitz gereist sein; ich wurde deshalb vom Herrn General-Großmeister persönlich beauftragt, sogleich an meinen Vater zu schreiben und ihn aufzufordern, dass er mit meinem Bruder ungesäumt auf Kosten des Ordens nach Prag kommen soll.

Mein Bruder erschien in Poppitz nicht, sondern wendete sich von Wien nach Innsbruck und von dort in die Schweiz. Auch dieses wurde dem General-Großmeister, der mich wieder davon persönlich in Kenntnis setzte, intimirt."

In anderen mir schon früher zugekommenen Briefen beschrieb mir Josef Postl diese Flucht in allen näheren Details, die jedoch bekannt sind.

Das Testament Sealsfields.

Das in den vorangegangenen Zeilen mehrmals erwähnte Testament Sealsfields hat folgenden Wortlaut:

Ich unterzeichneter Bürger der V. St. von Amerika, zugleich sess- und wohnhaft im Stadtbezirke von Solothurn im Hause „Unter den Tannen“ habe im Vorgefühle meines herannahenden Endes und im Bewusstsein, dass es jedem mit Vernunft begabten Wesen gezieme, sein Haus zu bestellen, so lange es noch bei vollem Gebrauche seiner Vernunft ist, folgende testamentarische Verfügungen getroffen.

I.

Als meine Haupterben bezeichne ich die ehelichen Nachkommen des Anton Postl und seiner Ehefrau Juliana geb. Rabel, wohn- und sesshaft zu Poppitz im Markgrafthum Mähren, Znaimer Kreises, Herrschaft Pöltenberg im Kaiserthum Österreich, der in den Jahren 1810 und früher, bis 1820 und später im bemeldeten Orte eine bedeutende Landökonomie besaß, Ortsrichter und Vorsteher der Gemeinde war und Vater von sieben Kindern, darunter fünf Söhne und zwei Töchter. Die Söhne und Töchter dieser zwei Eheleute erben nun jeder und jede einen Hauptantheil der Erbschaft. Sollte jedoch einer dieser fünf Söhne oder zwei Töchter mit Tod abgegangen oder sonst abhanden gekommen sein, so fällt sein Hauptantheil seinen Kindern zu, und sollten auch keine Kinder vorhanden sein, den übrigen Söhnen und Töchtern der Familie und ihren Kindern, mit Ausnahme jedoch zweier Jünglinge, die zwar von der Erbschaft ausgeschlossen sind, zu deren Gunsten aber Verfügungen getroffen sind, die sofort bekannt gemacht werden sollen. Besagte zwei Jünglinge nämlich haben folgende Eigenschaften zu besitzen: Sie müssen eheliche Nachkommen des Anton und der Juliana Postl sein, dürfen nicht über 20 und unter 15 Jahre alt sein, müssen gesund, rüstig und unverdorben sein. Dieselben erhalten, so wie ihre Lust und Tauglichkeit constatirt ist nach den V. St. von Amerika auszuwandern und sich dort eine neue Existenz zu gründen, behufs dieser Auswanderung und ersten Aufenthaltskosten die nöthigen Summen aus dem testamentarischen Nachlass durch den Testaments-Vollstrecker Herrn Nationalrath Peyer im Hof in Schaffhausen, welcher ihnen überdies die nöthigen Anweisungen zur Auswanderung ertheilen wird. Da diese zwei Jünglinge nicht auf's Geradewohl als Abentheurrer in die V. St. Welt hinausgeworfen werden, sondern mit allen Hilfsmitteln versehen werden sollen und den ausgezeichneten Rath des Herrn Peyer in Hof genießen werden, ist zu erwarten, dass sie ihrer Sendung sowie dem Namen ihres Wohlthäters auch zur Ehre gereichen und sich aufführen werden, dass sie keine Schande machen.

Sollten sich in der Familie Anton Postl mehr als zwei männliche Glieder finden, die Lust und die nöthigen Eigenschaften besitzen, aussuwandern, so entscheidet das Loos. — Sollte dagegen blos einer geeignet oder gewillt sein, sich in dem neuen Welttheile eine solide bürgerliche Existenz zu gründen, so fällt mein ganzes drüben befindliches Vermögen ihm einzig und allein zu. Dasselbe besteht:

1. Aus zehn Obligationen erster Hypothek der Burlington und Missouri-River Eisenbahn, jede Obligation zu 1000 Dollars, zusammen zehntausend Dollars.

2. Achthundert Dollars in kleineren Obligationen derselben Eisenbahn — ferner

3. Sieben Obligationen der Wilwankie und Praierie duchin Eisenbahn, jede á 1000 Dollars, zusammen siebentausend Dollars.

4. In einer Obligation der Neu-Albany und Salem-Eisenbahn von tausend Dollars mit mehreren Actien derselben Bahn — und schließlich

5. Achtzig Aktien der Chicago und Wilwankie Eisenbahn, deren Wert jedoch wegen der gegenwärtigen Entwertung beinahe aller Staats- und Eisenbahn-Wertpapiere nicht angegeben werden mag, die aber nach Beendigung des Krieges zu annehmbaren Preisen verkauft werden dürften. Den Zeitpunkt dieses Verkaufes hat einzig Herr Peyer in Hof zu bestimmen, so wie er die Zeit festzusetzen haben wird, wo die Auswanderung nach Amerika stattzufinden haben wird. Doch dürfte es wünschenswert sein, dass die Familie zu Poppitz von der Auswanderung eines oder zweier ihrer Glieder proceniert wird, um erstens die nöthigen Vorkehrungen zu treffen, dann aber sich jene Kenntnisse, besonders die englische Sprache anzueignen, die eine absolute Nothwendigkeit für jeden drüben seine Existenz Gründenden sein und bleiben wird.

II.

Vorbehalten bleiben die im Testamente ausgesprochenen Legate, die sofort des Näheren bezeichnet werden sollen.

a) Sollen jeden der Waisenhäuser der Städte Solothurn, Schaffhausen, Zürich zweitausend Franken unter folgenden Bedingungen zufallen.

b) Die Interessen dieser zweitausend Franken sollen eine jede der drei betreffenden Waisenbehörden immer fünf Jahre hintereinander cumuliert, das heisst aus den Interessen eine neue Capitalsanlage creirt, fünf Jahre hindurch gesammelt und erst nach fünf Jahren in ihrem Gesammtbetrage demjenigen Waisenknaben zugetheilt werden, der sich durch Fleiß, Sittlichkeit und gute Aufführung unter den Übrigen hervorgethan. Es werden die drei Waisen- und Stadtbehörden der drei Städte zugleich bei ihrer Ehre und ihrem Gewissen aufgefordert, dafür zu sorgen, dass die Prämien auch gewissenhaft vertheilt werden. Nach den ersten fünf Jahren sind die Interessen der drei Legate, betreffend Prämie, wieder fünf Jahre zù sammeln und nach fünf Jahren jeden Besten der Zöglinge der drei Anstalten zuzutheilen.

c) Die reformirte Kirche von Solothurn, zu deren Bau früher dreihundert Franken subscribirt worden, erhält einen neuen Betrag von Franken 300, so dass die ganze Subscriptions-Summe: Franken sechshundert beträgt.

d) Dem reformirten Pfarrer Herrn Hemann dahier für geleistete geistliche und sonstige Humanitäts-Dienste einhundertfünfundsiebzig Franken.

e) Herrn Müller Gassmann, alt Waisenvater dahier für geleistete viele Freunddienste und Gefälligkeiten einhundertfünfundsechzig Franken.

f) Meine Haushälterin Maria Anna Wyß einhundertfünfzig Franken. Die drei letzten Legate werden sofort drei Wochen nach meinem Tode den Betreffenden ausbezahlt, nicht aber die ersteren. Diese finden erst nach dem Verkauf der Liegenschaften in der Gemeinde Solothurn statt.

III.

Als Testaments-Vollstrecker wird Nationalrath Peyer im Hof sowohl des amerikanischen Vermögens, als die schweizerischen Wertpapiere und englischen Eisenbahn-Obligationen von Motonzas in seine Obsorge und Verwaltung nehmen. Es soll ihm ganz frei stehen, ob diese Wertpapiere den zwei Auswanderern zugetheilt oder der Familie in Poppitz und wo sie sich sonst gegenwärtig aufhält, verbleiben. Doch wünsche ich auch hier, dass besagte Wertpapiere erst nach mehreren Jahren versilbert werden. Es sind aber diese Wertpapiere:

a) Sieben Aktien der Schaffhausner Bank.

b) Eine der Winterthurner Bank, alle à 500 Frank per Aktie.

c) Eine halbe Obligation der Motonzas Eisenbahn in London negociert von Frk. 2500 (100 L. St.)

d) Eine Aktie der Basler Feuer-Versicherungs-Anstalt Frk. 5000, an welche jedoch erst 20% einbezahlt sind — und

e) Fünf Aktien der Basler Hypothekenbank à Frk. 1000 jede — an welchen gleichfalls erst 40% eingezahlt sind (Franken 2000.)

Sämmliche Papiere sind gleichfalls Herrn Peyer im Hof, Nationalrath, in Obsorge und Verwaltung zu geben. Herr Peyer im Hof wird den Verkauf, so wie die Verwaltung sämmtlicher

Wertpapiere sowohl amerikanischer als schweizerischer, wie gesagt, besorgen. Bei ersteren den Verkauf erst dann erzielen, wenn die Preise dieser amerikanischen Wertpapiere eine ihrem Werte entsprechende Höhe erlangt haben, was bei dem gegenwärtigen Kriege drei, sechs, auch neun Jahre währen kann. Unterdessen kann aher die Auswanderung der zwei obbezeichneten Jünglinge ganz gut vor sich gehen, da neue hinlängliche Beträge von diesen Wertpapieren eingehen werden, um ihre Ausrüstung und Verschiffung, so wie die Kosten ihrer ersten Aufenthaltsjahre zu bestreiten und sie erst nach Verlauf mehrere Jahre — sage sechs in dem Besitze der Erbschaft gesetzt werden sollen — nachdem sie sich noch durch ihr Betragen der Erbscheft würdig gezeigt haben und sich zu einem respektablen Geschäfte, sei es Kaufmannsstand, Landwirtschaft oder Jurusprudenz der V. St. qualificiert haben. Unter der Oberaufsicht des Herrn Peyer im Hof stehen ferner meine Solothurner Liegenschaften, die durch den Herrn Fürsprech Stuber so lange verwaltet, als Herr Peyer das geeignet findet und sie den Minimalpreis von Frk. 17000, sage siebzehntausend Frank nicht erreicht haben. Der gleiche Fürsprech Herr Stuber wird ersucht, die allenfalls nöthige Vermietung, sowie die nöthigen aus diesen zu bestreitenden Reparaturen zu besorgen, sowie den Verkauf des Mobilares zu veranstalten.

So gegeben und von mir eigenhändig unterzeichnet in Doppeln.

Unter den Tannen bei Solothurn, den 7. März 1864.

Sig. Charles Sealsfield,
Bürger der V. St. Amerikas.

Dieses Testament war in dreifach mit den Namen Sigill des Herrn Testators (ein aus den Buchstaben C und S gebildetes P) verschlossenen Envelopes enthalten, eben so das in Händen des Herrn Nationalrathes Peyer im Hof befindliche Duplicat. Beide tragen die Aufschrift: Mein Testament, drei Wochen nach meinem Tode zu öffnen — und wurden am 16. Juni 1864 in der Amtsschreiberei Solothurn und in Gegenwart des Herrn Nationalrath J. F. Peyer im Hof in Schaffhausen und den von der Waisenbehörde der Stadt Solothurn bestellten Massa-Curator Herrn alt Regierungsrath Simon Lack dahin eröffnet, verlesen und bei Doppel ganz gleichlautend befunden.

Die getreue Abschrift vorstehenden Testamentes, wovon im Original Doppelt in der Amtsschreiberei der Stadt Solothurn und das andere in handen des Testamentsvollstreckers Herrn Nationalrath Peyer im Hof in Schaffhausen aufbewahrt wird, bescheinet.

Solothurn, den 18. Juni 1864.

Der Amtsschreiber von Solothurn:
U. J. Alterma m/p.

Aphorismen aus Sealsfield's literarischem Nachlasse.

Der in diesen Blättern mehrmals erwähnte literarische Nachlass Sealsfields, den ich dem Znaimer Stadtmuseum schenkte, besteht aus zwölf Halbbogen, von denen fünf auf den von Alfred Meissner entzifferten Gespenster-Roman „Die Grabesschuld“ entfallen. Die sieben übrigen Halbbogen des arg vergilbten, bekleckstem und zerknitterten, theilweise zerrissenen und zerschnittenen Heftes sind mit Anmerkungen, Entwürfen und Reflexionen, wie der Tag sie brachte, wie die Stimmung sie heischte, beschrieben.

In dem Sprachenbabel, das uns aus jedem einzelnen Blatte entgegenstarrt, ist die deutsche Sprache vorherrschend. Alfred Meissner und Professor Dr. Leo Smolle haben zwar schon den Versuch begonnen, aus dem Wirrwarr dieser in flüchtiger Schrift hingeworfenen, sehr oft wieder durchstrichenen und durchflickten Sätze so viel als möglich zu entziffern. Ich habe diesen Versuch, bevor ich diese ehrwürdigen, durch vielfache Wanderungen stark hergenommenen Blätter dem Znaimer Museum übergab, fortgesetzt. Wenn ich nun aber das Gesuchte nicht ganz gefunden, so glaube ich doch einiges entdeckt zu haben, was der Veröffentlichung mir wert scheint. Zumeist sind es Reflexionen über politische, sociale und ethische Zustände oder Ansichten über die Natur — also seine Lieblingsthemate — die Sealsfield zu Papier gebracht hat, um sie vielleicht gelegentlich publicistisch zu verwerten. Alle diese Aufzeichnungen aber — so fragmentarisch sie auch gehalten sind — werfen mehr oder weniger characteristische Schlaglichter auf die Weltanschauung des Dichters, auf seinen grandiosen ganze Völker umfassenden Geist. Und so mögen denn nachstehend die Entzifferungen, so weit sie mir geglückt sind, folgen:

* * *

„Die tiefste, reinste und hellste Anschauung Gottes ist in der Natur.“

* * *

„Wer Sinn und Verständnis für die Natur hat, wer sie aufrichtig liebt, der wird jeden Tag neue Reize und Schönheiten an ihr entdecken, dem wird sie eine stets und unvergänglich junge und doch alte, in Freud und Leid bewährte Freundin sein; ihn wird ihr Umgang stets auferbauen, stets erfreuen und erfrischen. Freilich vermögen in diesem mit sieben Siegeln verschlossenen Buche der Natur nur Wenige zu lesen, obwohl alle berufen sind. Einzelne aber nur sind hiezu auserwählt.“

* * *

„Unter dem romantischen Hang der deutschen Nation verstehen wir nicht den mittelalterlichen Abenteurerhang fahrender Ritter, sondern den geheimen, unwiderstehlichen Hang nach Ungewohntem, Außerordentlichem, in weiter Entfernung Dunklem, Mysteriösem, Gloriösem. In diesem Hange liegt ein Gemisch von Kühnheit, Phantastischem, Abenteuerlichkeit, welche, verbunden mit Thatkraft und Ehrgeiz, oft große Dinge bewirken.“

* * *

„Es gibt Staaten und Länder, wo trotz Legionen von Advocaten und Richtern und trotz ganzer Armeen von Priestern und Mönchen weder Recht noch Religion zu finden sind.“

* * *

„Was bildet pfiffige, weltkluge und wieder weise, gute, edle Menschen? Von hundert Kindern, die in die gleiche Schule gehen, die den Unterricht der gleichen Lehrer geniessen, die von gleich guten Eltern abstammen, werden nicht zehn die gleiche Disposition die gleiche Gemüthseigenschaft besitzen. Ihr Geist ihr Wissen kann zwar gleich sein, aber nicht ihr Character. Dieser wird nicht in öffentlicher Erziehungsanstalt, der wird zu Hause, von der Mutter, vom Vater gebildet. Ihn bildet der sanfte Morgengruss, der Kuss, der das Kind Morgens beim Anfwachen begrüsst; der liebreiche Blick, der ihm sein Morgenbrod zutheilt, das milde Wort, das zum Fleiße mahnt, jede Blume, welche die Mutter ihm schenkt, jeder Spaziergang, auf dem sie es begleitet und schützt.

*
* *

„Woher die politische Unordnung in der Schweiz, die Wirren? Daher, weil in diesem Lande nicht die Erfahrenen, sondern der Wohlstand, die Geburt das politische Ruder führen. Diese sind Kaufleute — der Egoismus lässt es nicht zu, sich um die wenig einbringenden, politischen Stellen zu bewerben. Sie überlassen das den Jungen, den Abenteurern den Bluntschlis, und diese führen dann zu solchen Resultaten!“

*
* *

„Metternich ging es mit seiner Selbstvergötterung wie jenen Menschen, die bei einbrechender Nacht, den Pharos anzündend, einige Zeit inmitten einer flammenden Feuersäule stehen. Sie sind von allen Seiten beleuchtet, weit umher sichtbar, aber sehen selbst nichts, Alles um sie herum ist ihnen dunkel.“

*
* *

„Es gab und gibt noch Epidemien, die ansteckend über den ganzen Erdkreis sich verbreiten, und zwar nicht nur physische, sondern geistige. Eine solche waren die Kreuzzüge, die Reformation darauf mit ihrem dreißigjährigen Kriege und jetzt die Revolution, die zur grassirenden Epidemie geworden ist und die ihre Phasen hat.“

*
* *

„Die englische Nation hat Character, sowie die französische. Sie hat ihn durch eine consequente, Jahrhunderte anhaltende Erziehung erhalten. Die deutsche hat aus dem Grunde keinen Character, weil sie keine consequente Erziehung genossen. Wo hätte sie diese auch bekommen sollen bei zuerst 1000 und mehr, dann 500 und schliesslich 39 und 40 Hofmeistern, die alle mehr oder weniger mit ihren verrückten Köpfen ihre Unterthanen noch verrückter machten.“

*
* *

„Um Wellington richtig zu beurtheilen, müssen wir nicht blos seine Schlachten, seine Armeebefehle und Parlamentsreden ins Auge fassen. Er erscheint erst in seiner natürlichen Grösse aus seinen Depeschen. Wenn er, in Spanien einrückend, mit einer siegreichen Armee, an die englischen Minister schreibt, ihm Geld etc. zu schicken, weil sonst die Armee plündern und Contribution erheben müsste, so müssen wir den ernst soliden Character Wellingtons bewundern. Ein Franzose würde sich durch Plündern geholfen haben.“

*
* *

„Wenn wir nicht irren, so bemerkt Lamarque (?), dass um eigentlich consequent zu sein, nach demselben Grundsatze, nach welchem die Söhne der Großen ihren Eltern in Titeln und Würden folgen, die Söhne Gebrandmarkter oder zu infamirenden Strafen Verurtheilter gleichfalls gebrandmarkt und unehrend bestraft werden.“

*
* *

„Warum schreiben wir über Amerika, warum lieben wir die Amerikaner? Um ihrer selbst willen? Pshau! Das hieße sich in das Unliebenswürdigste, Widerwärtigste verlieben. Nein, man verliebt sich nicht in die Nachkommen von Pickpockets, des Auswurfes Englands etc. Wir lieben aber Amerika, weil es die Freiheit des Menschengeschlechtes lieben, den Fortschritt Aller, die Civilisation befördern heisst.“

*
* *

„Der Anblick der Natur wird den Sehenden nie ermüden; im Gegentheil! Unfassbar und überwältigend — ein ewiges Räthsel — wird sie den forschenden Geist immer zu neuem Denken mahnen und anregen, und der schaffenden Phantasie wird sie durch ihr tausendfältiges Leben, durch ihre stets wechselnde Einheitlichkeit immer wieder neue Stoffe zu neuen Schöpfungen darbieten.“

*
* *

„Nationen sind größere bürgerliche Gesellschaften. So wie bei kleineren Gesellschaften aber der Erfolg von ihrer besseren oder schlechteren Erziehung abhängt, so auch größeren, bei Nationen. Wir wundern uns über die Erfolge englischen Nation. Ihre herrschende Weltstellung ist uns Räthsel. Das Räthsel löst sich aber mit dem einfachsten Wo „Wellbuilt“. The English nation is wellbuilt — wohlerzog wohlorganisiert; alle ihre Bestandtheile, ihre Glieder verricht die Funktion mit der, möchte ich sagen, angeborenen Pünktli keit, die wir an ihren einheimischen Produkten bewunde Der englische Adel ist der vorzüglichste der Welt, der So der beste, (?) der Seemann, wenn nicht der erstbeste, der zweitb s so herab bis zum gemeinsten Mann. Diese Resultate w durch Jahrhunderte erzielt, durch eine consequente Volks hung, so wie die deutsche Nation durch Jahrhunderte ver wurde. Wir möchten die englische Nation wellbuilt, die deut verzogen, die amerikanische unbuilt — noch nicht erzoge nennen, sie wird es aber werden, sie muß die Flegeljahre durchmachen.“

* * *

Ich glaube die Aufzeichnungen mit dem oben citir Wahlspruche Sealsfield am würdigsten abzuschließen, d der Geist und die Kraft des Dichters beider Hemisphär wehen uns entgegen aus den kühnen Worten: „Omne sol forti, patria est, ut piscibus aequor!

besseren oder schlechteren Erziehung abhängt, so auch bei größeren, bei Nationen. Wir wundern uns über die Erfolge der englischen Nation. Ihre herrschende Weltstellung ist uns ein Räthsel. Das Räthsel löst sich aber mit dem einfachsten Worte: „Wellbuilt“. The English nation is wellbuilt — wohlerzogen, wohlorganisiert; alle ihre Bestandtheile, ihre Glieder verrichten die Funktion mit der, möchte ich sagen, angeborenen Pünktlichkeit, die wir an ihren einheimischen Produkten bewundern, Der englische Adel ist der vorzüglichste der Welt, der Soldat der beste, (?) der Seemann, wenn nicht der erstbeste, der zweitbeste, so herab bis zum gemeinsten Mann. Diese Resultate wurden durch Jahrhunderte erzielt, durch eine consequente Volkserziehung, so wie die deutsche Nation durch Jahrhunderte verzogen wurde. Wir möchten die englische Nation wellbuilt, die deutsche verzogen, die amerikanische unbuilt — noch nicht erzogen — nennen, sie wird es aber werden, sie muß die Flegeljahre noch durchmachen.“

* * *

Ich glaube die Aufzeichnungen mit dem oben citirten Wahlspruche Sealsfield am würdigsten abzuschließen, denn der Geist und die Kraft des Dichters beider Hemisphären wehen uns entgegen aus den kühnen Worten: „Omne solum forti, patria est, ut piscibus aequor!